LES VINGT PARAGRAPHES

POUR QUI VOTER

PAR

X, Y, Z.

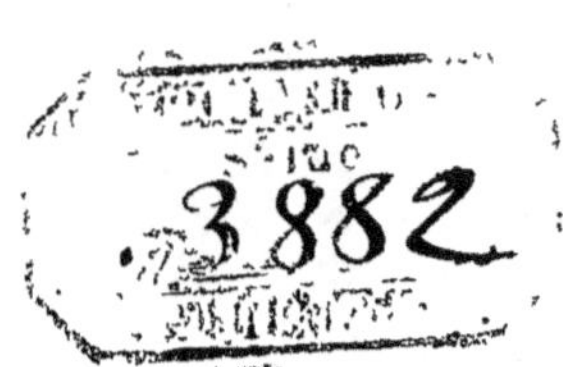

Prix : 60 centimes

PARIS

AU DÉPOT GÉNÉRAL

A. HELAINE, 63, BOULEVARD HAUSSMANN

ET CHEZ TOUS LES LIBRAIRES

1869

HOMMAGE A M. GLAIS-BIZOIN.

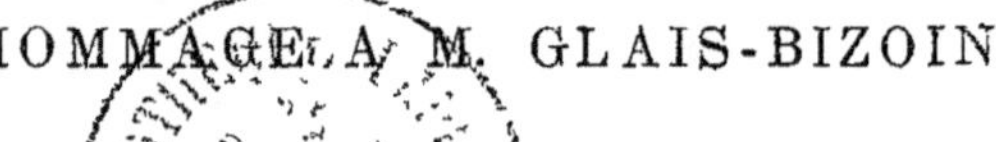

Toi, dont le pied n'a pas bronché

Dans le chemin de morts jonché

De la liberté de la France,

Permets-moi d'invoquer ton nom,

Quand je parle *Opposition*,

Grand-prêtre de l'Indépendance !

X, Y, Z.

LES VINGT PARAGRAPHES

POUR QUI VOTER ?

I.

Voici venir les élections générales.

Le moment est opportun pour faire un peu de lumière sur la situation politique.

II.

En France, aujourd'hui, on ne peut plus compter que deux partis réels : la *République*, l'*Empire*. Les prétendants, dits *légitimes*, ont passé eux-mêmes condamnation sur leur cause. La nation se gouverne. Le suffrage universel est acquis. Nul ne peut monter ni demeurer au *rang suprême* que par le choix et la volonté du peuple. *Le premier article de la Constitution est la reconnaissance expresse des principes de 1789.*

L'Empire est donc un gouvernement *révolutionnaire* de fait, — et, de forme seulement *despotique.*

D'où vient alors que l'*Opposition* se soit formée? Si nous sommes une *République*, sauf le nom, ne pouvons-nous faire le sacrifice d'un mot à la paix intérieure?

III.

L'*opposition* est née des rigueurs inflexibles de la logique, du bon sens, si l'on aime mieux.

Car donner une constitution républicaine à garder à un Empereur, c'est confier la poule au renard.

Qu'est-il arrivé, en effet?   .   .   .   .

.   .   .   .

Qu'est-il arrivé? Que, sous le régime du suffrage universel, nous avons une dynastie.

Qu'est-il arrivé?   .   .   .   .   , ...

.   .   .   .

Qu'est-il arrivé? Que les rôles sont intervertis, et que c'est à faire pâmer de rire des *Iroquois*.

IV.

Or cela devait être. — Pourquoi? —

Pourquoi? Parce que nous ne tenons compte, pour le choix des princes, que de leur nom et de leurs promesses, sans demander à leur conduite passée le présage de ce qu'ils seront dans l'avenir; parce que leur serment de fidélité prononcé, nous exigeons d'eux plus que la sagesse humaine ne peut tenir : à savoir de ne pas tomber dans l'orgueil et le despotisme, quand nous entretenons, à grand frais, une *Cour*, dont le premier devoir est d'exalter leur vanité ; une *police*, dont l'unique souci est de rédiger ou de chanter leurs trompeuses louanges; une *administration*, qui ne reconnaît d'autre volonté que la leur;

une *armée*, qui ne reçoit d'ordre que d'eux ; un *budget*, qui va en procession chez eux ; quand enfin, par l'abnégation de notre volonté, nous les excitons à l'usurpation et que par la remise de tous les pouvoirs dans leurs mains, nous leur en facilitons l'entreprise et l'accomplissement.

Pourquoi ? Parce qu'au lieu de les choisir, sans distinction d'origine, parmi ceux dont l'éducation a été celle de tous, dont les premières années se sont écoulées au milieu des jeunes gens de leur âge, dont le contact avec les hommes et le commerce avec les idées est permanent, nous allons les prendre au sein des palais où, depuis le berceau, famille et courtisans ne les grandissent que dans l'amour de la domination, dans l'ignorance des misères sociales et dans la haine des âmes fières.

Pourquoi ? Parce que nous couronnons de fleurs le général, l'homme qui tue, et d'épines le philosophe, l'homme qui aime !

Pourquoi ? Parce que nous n'avons pas de mesure dans notre affection et que l'enthousiasme nous grise.

Telle, une mère imprudente et faible entasse devant son enfant, bonbons, sucres et crèmes ; tels nous jetons à notre *Elu* poudre et canons, soldats et gendarmes, argent et autorité. Il en résulte que l'homme, absolu par nature, plus encore que l'enfant n'est gourmand, se donne des indigestions de droits publics comme celui-ci de petits pâtés.

Pourquoi ? Parce qu'à ce moment où le prince, dont le tempérament est gâté, devient odieux par des volontés toujours nouvelles et jamais inassouvies, nous ne pouvons cependant proclamer sa déchéance, sans crise..... Nous l'avons nommé . . . *à vie*.

Pourquoi ? Parce qu'ayant laissé à son cabinet la distribution discrétionnaire des charges, des places, des dignités, des faveurs, de l'air et du soleil, les uns le servent encore par intérêt, les autres par ambition, le reste par la terreur de la faim ou de l'exil.

Pourquoi ? Parce qu'un souverain inviolable, des ministres irresponsables, une constitution indiscutable sont le dernier terme de l'arbitraire, le suprême règne de « *l'Etat, c'est moi !* »

Pourquoi ? Parce que l'Université et les Ecoles fabriquent des employés et ne forment pas des hommes.

Parce que nous abandonnons nos femmes à la direction du *confessional* ; que nos femmes deviennent des mères et que les mères gonflent leurs enfants de pratiques, de superstitions, d'idées qui faussent leur jugement, atrophient leur vaillance et courbent leurs fronts sous le fouet ou l'enchère.

Pourquoi? Parce que nous donnons raison au riche, de qui nous pouvons recevoir, contre le pauvre qui nous peut demander. Parce que nous n'aidons pas les malheureux, n'instruisons pas les enfants, n'aidons pas les jeunes gens qui s'en vont, par millions, se déverser dans les bureaux de bienfaisance, dans les écoles religieuses, dans les régiments, dans les administrations où on tourne leur intelligence et leur cœur contre tout ce qui est *vertu civique*. Parce que si l'on rencontre infortunées et demandant protection des natures loyales, ayant préféré déchirer leur toge ou leur rabat, briser leur épée ou leur plume plutôt que de transiger avec la conscience, le devoir, l'honneur, on leur sourit, les accompagne et les consigne à sa porte en leur jetant comme une injure leur plus noble titre : *déclassés* !

Pourquoi? Parce que le nom, parce que la fortune, parce que la fonction sont trop; parce que le mérite, parce que le caractère ne sont pas assez.

Parce que . . . . et l'honnête homme obscur, le hibou. Parce que le poëte est bafoué qui enseigne d'aimer le bien pour le bien. Parce qu'on dit éloquent le phraseur, qui ne persuade ni ne prouve rien, pratique l'agioteur qui fait faillite, modéré le sot qui recule, rêveur le savant qui avance.

Pourquoi? Parce qu'au lieu de vivre de nos mets nationaux, les seuls qui conviennent à nos estomacs, nous nous acharnons aux bribes tombées de la table des nations éteintes ou voisines; d'où nos *gastrites politiques*.

Pourquoi? Parce que nous admettons une *raison d'Etat*, quand nous avons démoli les *bastilles*.

Pourquoi? Parce que nous avons besoin de revenir au culte fortifiant de la raison.

V

Mais faut-il donc tout bouleverser? faire un nouvel appel aux armes? commencer la guerre civile? Non, MAIS VOTER SEULEMENT.

On n'abat p s de bonne besogne au bruit des coups de fusil et sur le pavé des barricades. L'émeute n'est pas l'heure de la réflexion et de la sagesse, mais de l'effervescence et du déchaînement des passions. Les *liberticides* profitent du trouble pour lancer dans la bataille des traîtres aux couleurs de la république, qui ont ordre de tout ravager et de tout tuer. Les populations s'effraient du sac que ces sectaires font des villes. Le drapeau rouge est pris en haine. Les lois exceptionnelles surgissent alors contre le brigandage. Et les voleurs, et les incendiaires stipendiés de crier à la tyrannie ! Et la nation aux abois, trompée à cette comédie sanglante, d'appeler un *sauveur*......

VI

Qu'il serait grand dans l'histoire et dans l'estime des races, celui qui, ainsi appelé par la nation pour ramener le calme et la prospérité, ne se servirait de sa puissance que pour le triomphe de la justice et de la liberté ! Qu'il serait beau celui qui, sa tâche achevée, refoulerait les suggestions de l'orgueil et de l'égoïsme et dirait au pays assemblé : « Tout va bien, je m'en vais. »

VII

France, pourquoi n'as-tu pas de ces patriotes ? Parce que tu t'es livrée à l'élevage des bestiaux, à l'amélioration des chevaux, à la protection des animaux.... avant de songer au perfectionnement de l'homme.

France, mettras-tu toujours la charrue devant les bœufs ?

VIII

IX

X

Sont-ils à blâmer les *voyants* qui, découvrant la ruse et le rapt, en avertissent les propriétaires et dénoncent le voleur à la justice?

XI

Si votre conscience dit *non* ; si vous prononcez que volés et gens de bien doivent de la reconnaissance au contraire, aux â mes probes qui n'ont pas voulu être les complices d'une action criminelle, ne demandez plus d'où vient l'*opposition* ni de quels hommes elle se compose ; mais courez à *elle* avec des vivats et des remercîments.

Car les volés, c'est vous ; et eux, vos défenseurs.

XII

Opposition, ô phalange vaillante et fière, dresse-toi comme une digue devant le flot envahisseur, jusqu'au jour où les populations, mieux éclairées, comprendront que l'inondation les menace et te viendront en aide pour repousser ces eaux débordées dans leur lit, jusqu'au jour où les couronnes elles-mêmes, reconnaissant que tu es la torche qui leur montre l'abîme, au milieu des ténèbres de l'adulation et du servilisme, viendront s'incliner devant ta lumière et ta majesté.

Et quoi ! vous qui les traitez de révolutionnaires, ces guides dévoués, dites-moi d'où vous êtes issus, sinon de la Révolution? Dites-moi à qui vous devez de n'être pas attachés à la glèbe et vendus avec l'engrais? sinon à la Révolution? Dites-moi de qui vous tenez vos propriétés et vos industries, sinon de la Révolution? Mais il n'est pas un droit, une liberté, un avantage, une jouissance que vous ne lui deviez! C'est par elle que vous obtenez justice; par elle, que vous pouvez vous élever aux plus hautes dignités; par elle, que vous priez votre Dieu; par elle qu'on ne vous arrache plus vos fils; par elle, qu'on ne vous confisque plus vos biens; par elle, qu'on ne vous enlève plus vos femmes; par elle, que vous avez une idée noble et grande de vous-mêmes; par elle, que votre nom est vénéré chez les peuples et aimé dans l'univers.... C'est elle qui vous protége des tyrans au foyer et de l'étranger sur la frontière; elle qui est votre palladium, votre amie, votre mère.... Et c'est elle que vous répudiez, que vous flétrissez, que vous injuriez !

Allons ! . . . . , ...

Sans la révolution de 1789, *Bonaparte* serait-il devenu *Napoléon*?

Et *Napoléon III* ne veut-il pas dire triple révolution?

Quand les rois, qui sont sortis de ses robustes flancs viennent à rompre leur pacte avec elle, vous que la servitude indigne, réveillez-vous !

Où vont renaître les dîmes, les maîtrises, les excommunications, le carcan et les bûchers !

Et vous, qui regrettez de voir le soleil de tous vos yeux et d'aspirer la brise à pleins poumons, votez contre la Révolution, car la Révolution brise les chaînes et rase les donjons !

. . . .

XII.

Mais, entends-je, la Révolution que nous repoussons n'est pas ce génie bienfaisant qui nous a arrachés aux tortures et à l'avilissement; qui s'est levé un jour sur l'humanité comme un rayon de soleil vivifiant ; qui a secoué nos membres, qui a fait reverdir nos cœurs, qui a trempé nos âmes ; qui nous a faits ressuscités enfin du tombeau à la vie ! A cette Révolution, nous sommes attachés jusqu'à la mort.

Ce qui nous effraie, c'est l'*anarchie* !

XIII.

L'*anarchie* ! voilà le grand mot prononcé !

D. Qu'est-ce que l'anarchie ?

R. La confusion des pouvoirs.

D. Existe-t-elle aujourd'hui ?

R. Oui.

D. Mais l'anarchie est-elle dans la *Révolution ?*

R. Non.

D. Prouvez-le.

R. La RÉVOLUTION a pour bases la LIBERTÉ, qui est l'ensemble des pouvoirs de chacun et de tous, et la JUSTICE, qui en empêche la confusion.

D. L'anarchie serait-elle alors dans l'*Empire ?*

R. Oui.

D. Prouvez-le.

R. L'EMPIRE veut l'ORDRE, l'AUTORITÉ et PAS DE DISCUSSION. Or, 1° l'*ordre* est un effet, non une cause. La cause est la liberté. Mais la liberté n'existe pas ; donc, l'ordre ne peut s'établir. Exemple : dans un vase sont mêlés de la poudre, de l'huile, de l'eau, de l'alcool. Si vous remuez toujours, vous n'aurez que *trouble* et *confusion;* si vous laissez les éléments à leur liberté, chacun prendra sa place et l'*ordre* se fera.

2° L'*autorité* appartient au peuple; donc, le peuple est *souverain;* donc, le peuple fait la Constitution et la soumet sans discussion à l'acceptation de son mandataire; donc, le peuple est le gardien de la Constitution ; c'est lui qui règle par des *plébiscites* (1) ce qui n'a pas été prévu par elle et qui fixe le

---

(1) J'en ends ici le mot *plébiscite* dans son sens vrai, c'est-à-dire *le décret rendu par le peuple et obligatoire pour tous* ; et non point la *résolution, prise sans la participation du peuple et soumise seulement à son acception.* — C'est de l'adresse que d'avoir conservé le nom en déplaçant les attributions. C'est de l'anarchie jusque dans les mots !

sens des articles équivoques ; donc, c'est le peuple qui a l'initiative des lois et non le souverain, c'est un prince ; et c'est le prince qui fait la Constitution et le peuple qui ne la discute pas. Non, c'est le Sénat, *nommé par le prince*, c'est-à-dire le prince qui la garde, la complète, l'interprète. C'est le prince qui a l'initiative des lois, qui rend des décrets qui ont force de lois, etc.

Donc, pouvoirs souverain, constituant, législatif, administratif, etc., sont intervertis, tronqués, mutilés, à ce point que, *députés officiels, sénateurs et ministres,* donnaient récemment ce spectacle désclant de ne plus s'entendre.

Donc, *l'autorité impériale* ne peut prévaloir, parce que c'est *l'autorité d'un seul*, et que *l'autorité de tous* lui sera toujours supérieure.

3° *Pas de discussion.* Or, *l'autorité* ni *l'ordre* ne se peuvent concilier avec ce troisième article du programme impérial.

En effet, comment établir l'ordre, si l'on n'entend les demandeurs et les défendeurs? En leur *imposant silence*, dites-vous. Mais l'autorité blesse alors des cœurs vaillants qui se redressent ; mais l'injustice étant ce qui révolte le plus l'âme humaine, avocats, juges, procureurs et plaideurs font cause commune contre cette autorité.

Et *l'ordre* accuse *l'indiscussion* qui se retourne contre *l'autorité.*

Et c'est un joli gâchis !

D. Résumez-vous.

R. . . . .

XIV.

Anarchie telle que, dans le *navire de l'Etat*, dans le désordre, le timonier obéissant, le ministre de l'intérieur, a été jeté à la mer par le capitaine ; obéir à l'Empereur.

Pauvre monsieur Pinard !

XV.

Et je veux entreprendre la justification de cet ex-fonctionnaire.

Comme homme, il est blâmable c'est un fait incontesté ; mais, comme ministre, qu'a-t-il perpétré pour mériter qu'on le remercie?.. . . . .

. . . .

Mais voilà que soudain .. Gargantua, la bouche ouverte devant un plat de journalistes à la *sauce-amendes*, est frappé de mort, la fourchette à la main...

Le *Deus ex machinâ* s'est retiré de lui.

Le mystère règne encore sur cette disgrâce de palais. Je ne puis l'attribuer qu'à des réclamations venues de la magistrature devant l'holocauste commencé des honnêtes gens. La justice était atteinte et les juges perdus, si le glaive de Thémis avait servi davantage de . . . . Les libertés accordées tournaient au guet-à-pens, et avec notre caractère loyal et prompt, le soulèvement ne pouvait être loin de la découverte du piége.

Il fallait une réparation.

Ce fut sans doute, comme dans les animaux malades de la peste :

> « *Rouher*, quelque peu clerc, prouva par sa harangue
> « Qu'il fallait dévouer ce *collègue infernal*,
> « Ce *butor*, *ce Pinard*, d'où venait tout le mal. »

Eh bien ! la chute du ministre, loin d'innocenter la volonté qui le faisait agir, fait réfléchir, au contraire, amèrement à l'ingratitude dont on est payé par les souverains.

La Constitution est formelle ; elle ne défend de chercher personne qui soit responsable des actes politiques, sinon l'Empereur. Le ministre d'Etat lui-même ne déclarait-il pas, il y a peu de jours, au Sénat, que ce serait faire injure à Sa Majesté que de ne pas lui attribuer les erreurs et les fautes de son gouvernement?

L'ancien ministre de l'intérieur a donc été empoisonné avec les *boulettes* de son maître.

A lui de voir aujourd'hui si c'est justice et de nous éclairer à ce sujet.

Est-il besoin de fouiller dans la pensée intime du gouvernement, pour être convaincu que l'ex-ministre, ne faisait qu'exécuter des ordres reçus? Non. Ouvrez le discours du 18 janvier 1869 aux Chambres réunies. Je ne puis le lire, moi, sans croire dévider le fil d'Ariane dans un labyrinthe de repaires et de ténèbres. A chaque pas en avant, une lueur sinistre brille, un reptile venimeux siffle. Ecoutez et voyez : « *agitation! passions !! excitations violentes !!! esprits subversifs !!!! fomenteur de troubles !!!!!* » Dans quel antre peut conduire une route jalonnée de tant d'épouvantails? On a froid aux os, de la frayeur de tomber dans quelque gouffre d'horreur et d'extermination. Eperdu, anxieux, hagard, on demande le monstre ennemi de la tranquillité publique, le Minotaure dévorant des bases fondamentales de la société. . Tremblez!... Le voilà!... Ah!... la Révolution!... Mais vaincue, terrassée, enchaînée... — Par qui? — Par moi, Empereur.

Vous jugez de l'effet.

C'est de MM. les Sénateurs un *Vive l'Empereur !* à réveiller de jalousie la cendre de Thésée.

Sa Majesté a dû bien rire de la peine qu'à eu son ministre à rassurer ces messieurs de leur effroi. — Mon Dieu ! Un moment de joie n'est pas défendu dans cette vallée de larmes, fût-ce aux dépens des gardiens de la Constitution ! Et surtout quand il s'agit, par cette terreur subite, de faire recevoir l'auteur de la comédie à son *troisième début... législatif.*

XVI

Rassurons-nous donc, puisque le péril est imaginaire.

XVII

Mais profitons en même temps, de ce qu'on a éventé la mèche avant le dénouement, pour nous tenir en garde contre d'autres surprises.

Attendons à l'œuvre, le successeur de *M. Pinard*, S. E. M. le ministre de Forcade.

Et il vient d'en faire une belle ! Un joli poisson qu'il a fait manger à l'Empereur ! Oui, l'Empereur l'a mangé, puisque Sa

Majesté a complimenté son Excellence sur son discours du
1er avril.

N'y dit-il pas, entre autres énormités, ces paroles qui demeu-
reront attachées aux gouvernements personnels, comme leur
présent de Déjanire : « *Quand on aspire à servir un gouvernement, c'est qu'on approuve sa politique. Sinon, c'est ailleurs
qu'on doit chercher son avenir.* »

N'est-ce pas proclamer : la nation, le pays, l'Etat, c'est moi ?
— Mais la patrie ? — La patrie ? — Oui, *c'est la patrie que
j'aspire à servir,* c'est la volonté de la patrie que je respecte
toujours, si je ne l'approuve. — Bah ! bah ! bah !... — Jusqu'à
demain, si vous voulez, mettez-vous en des *bah* ! Mais la patrie,
à laquelle je suis dévoué corps, cœur et âme, passe avant vous.
Et la patrie me doit travail et avenir en échange de mon atta-
chement et de mes sacrifices. Qu'en faites-vous de la patrie
pour qui je suis prêt à verser mon sang, à décupler mes efforts
de labeur et d'intelligence pour la rendre indépendante, intelli-
gente, prospère et glorieuse... L'amour de la patrie enfin, que
devient-il ? . . . .

Qu'on réfléchisse à ces paroles du ministre bien-aimé de
l'Empereur ! Elles seules marquent le degré précis de notre
situation et des intentions du pouvoir.

Quoi ! le pain de chaque jour serait au prix de l'enchaînement
à un homme et non de son alliance avec la société ! L'on ne sau-
rait être citoyen, si l'on n'est sujet ! L'honnêteté, le zèle, le talent, seraient repoussés par celui que la nation a commis pour
distinguer l'honnêteté, le zèle et le talent ! La condition de
l'existence et du mérite serait de mettre sa sueur, sa conscience
et sa pensée, sous les pieds d'un maître !

Depuis vingt ans, cette doctrine est appliquée; on n'avait
osé encore la formuler.

Qu'on se rappelle la France, lors des armées de la République ! — *Valmy* et la conquête ! — Alors, on criait : « Vive la
nation ! » On servait la nation.

Qu'on se rappelle Waterloo et l'Invasion ! Alors on criait :
« Vive l'Empereur ! » On servait l'Empereur.

Eh bien ! à vous de dire, électeurs, si vous entendez qu'un
fonctionnaire serve son pays ou son roi; à vous de dire si vous
voulez que l'amour de la patrie, qui nous trempe, soit infâme
et préjudiciable; et l'amour du prince, glorieux et avanta-
geux...

Ne demandons pas cependant compte encore de toutes ces

funestes maximes, ni de la répression outrée qu'on a exercée contre les citoyens, ni des dépenses illégales de M. le Préfet de la Seine, ni des augmentations exorbitantes de l'impôt, ni des cent mille hommes de contingent, ni des nouveaux abus qu'on va commettre sans doute.

Le moment des explications viendra.

Pour l'instant, préparons l'heure du débat, votons !

Votons avec calme, comme il convient aux hommes forts de leur droit.

Votons pour ceux qui sont la vérité.

Votons pour ceux qui sont la justice.

Qui sont-ils?

Les candidats de l'*opposition*.

Comment cela?

Parce qu'ils ont un programme qu'ils sont tenus de suivre sous peine de se suicider; parce que toute leur puissance est dans l'invocation du *principe* et qu'en lui substituant le *fait*, ils se tueraient eux-mêmes; parce qu'en rétablissant *l'ordre dans l'autorité*, ils feront cesser l'*anarchie*.

XVIII

Les partisans eux-mêmes de l'Empire, les amis au premier pegré, bien mieux, sont intéressés à choisir ces députés qui, dar leur mâle résistance aux empiétements du souverain, empêchent son nom de devenir impopulaire et son règne odieux.

XIX

Aux urnes donc, avec ce cri dans le cœur :

VIVE L'OPPOSITION

XX

L'ESPOIR ET L'AVENIR SONT LÀ !

Paris. — Typ. Gaittet, rue du Jardinet, 1.